Der Rhythmus des Heiligen

LLEWELLYN VAUGHAN-LEE

DER RHYTHMUS DES HEILIGEN

Eine Rückkehr zu den Jahreszeiten von Natur und Seele

ONENESS CENTER PUBLISHING

Impressum:

Die amerikanische Ausgabe erschien unter dem Titel:
»Seasons of the Sacred.
Reconnecting to the Wisdom Within Nature and the Soul«
bei The Golden Sufi Center, P.O. Box 456, Point Reyes, California 94956

Umschlagfoto: Gemälde »Old God«, von Angus Hampel,
© Angus Hampel, www.angushampel.com.
Übersetzung: Franziska Espinoza mit Claudia Lehnherr
Lektorat: Claudia Lehnherr
Buchgestaltung: Greta Horn
Herstellung: BoD – Books on Demand GmbH
www.oneness-center.ch
www.goldensufi.org

ISBN 978-3-9525459-0-4

INHALT

VORWORT

Während die Welt immer weiter aus der Balance zu geraten scheint, drängt es mich, zurückzukehren zu dem, was elementar, schlicht und heilig ist.

Das stellt keinesfalls die Realität der mannigfachen Herausforderungen der Gegenwart in Abrede: Die Klimakrise, die immer schneller immer größere Ausmaße annimmt, Flüchtlinge, die vor Gewalt und Hunger fliehen, soziale Ungleichheit und rassistische Diskriminierung und die Corona-Pandemie, welche in nur wenigen Monaten die Fragilität der globalen Systeme sichtbar hat werden lassen. Doch zugleich fühle ich, dass diese Zeit auch die Möglichkeit bietet, uns wieder mit unseren Wurzeln zu verbinden, den ursprünglichen Zyklen der Natur und mit unserer Seele. Inwiefern dies einen Einfluss auf das aktuelle Ungleichgewicht und die Gespaltenheit hat, kann ich nicht abschätzen. Doch kann es ein Weckruf sein für einen Neuanfang, für eine neue Geschichte der Menschheit und der Erde. So können wir dem Leben die Rückkehr zu der ihm innewohnenden natürlichen Ordnung und den natürlichen Rhythmen ermöglichen und die Liebe, die allem zugrunde liegt, wieder offenbaren.

Llewellyn Vaughan-Lee, Juli 2020

EINLEITUNG

Die sprituelle Ökologie sieht die gegenwärtige ökologischen Krise als Folge einer spirituellen Krise. Diese ökologische Krise ist der Tatsache geschuldet, dass wir vergessen haben, dass die Schöpfung von Natur aus heilig ist. Die heutige Zivilisation lebt abgetrennt von der Tradition des Heiligen, das zur Erde und zu unserem gemeinsamen Dasein gehört und die Grundlage des Lebens selbst bildet. Daher haben wir begonnen, die Erde als eine Ressource zu betrachten und nicht als ein lebendiges Wesen, das wir verehren und respektieren. Wir beuten sie aus, verschmutzen sie und sie soll unseren materialistischen Werten dienen. Die spirituelle Ökologie macht es sich zur Aufgabe, uns wieder mit dem Heiligen in Verbindung zu bringen, damit wir zu einer Lebensweise zurückfinden, die sich mit der Erde in Harmonie befindet. Dieses kleine Buch webt Gedichte, Bilder und Geschichten der Seele in die größere Geschichte der spirituellen Natur der Erde ein, so dass wir wieder am »großen Dialog« mit den Flüssen und Wäldern, den Winden und Sternen teilhaben können.[1]

Es gab eine Zeit, als die Sprache der Erde die Sprache unseres alltäglichen Lebens war, die Sprache des Pflanzens und des Erntens, des Sonnenscheins und der Stürme. Die Worte des Heiligen waren Sterne und Samen, Berge und Flüsse. Die Seele und die Jahreszeiten bewegten sich gemeinsam; sie sprachen vom gleichen Geheimnis, von der Schönheit in uns und um uns herum. Alles war so natürlich wie das Atmen selbst. Weil es nie vergessen war, musste es auch nicht erinnert werden. Wie konnte man den Wind im Gesicht oder den Vogelgesang vergessen? Wie konnte man Ebbe und Flut vergessen? Dies waren keine Geschichten, die in Büchern standen. Man lebte sie vom Sonnenaufgang bis zum Sonnenuntergang, bis die Traumzeit dem Schein des Feuers eine andere Textur verlieh.

Doch im Moment leben wir in einer Zeit des Vergessens, in der die tiefe Resonanz zwischen unserer Seele und der

Seele der Welt überlagert wurde. Wir müssen uns deshalb unbedingt erinnern, müssen dieses verborgene Lebensblut allen Daseins, seine Rhythmen und Bewegungen erkennen und sehen, wie es sich uns auf verschiedene Weisen zeigt. Wir müssen wieder lernen, wie das Innere und das Äußere sich gegenseitig spiegeln, und wie wir dieser Musik, dieser darunterliegenden Geschichte lauschen. Denn es ist unsere eigene Geschichte, genauso wie es die Geschichte der Erde ist, unserer gemeinsamen Heimat. Wir können es uns nicht mehr länger leisten, unser Leben nur oberflächlich zu leben, sondern müssen uns den Zugang zu dieser tieferen Dimension eröffnen. Wir müssen uns mit den inneren und äußeren Welten wiederverbinden, die beide unser Zuhause sind; und wir müssen selbst die Verbindung zwischen diesen beiden Welten sein, ein Ort, wo das Herz immer gegenwärtig ist.

Im Buch *Das Heilige im Alltag wieder entdecken – Spirituelle Ökologie in der Praxis*, das kürzlich erschienen ist, habe ich einfache tägliche Praktiken wie Gehen, Kochen mit Liebe, oder Einfachheit und andere mehr beschrieben. Diese Praktiken, die ich über viele Jahre auf meiner eigenen Reise entwickelt habe, haben über die Jahreszeiten meiner Seele hinweg zu mir gesprochen und haben auf verschiedene Weisen davon erzählt, wie sich das Mysterium des Heiligen in der Psyche und in der Welt um mich herum entfaltet. Das vorliegende Buch enthält eine Sammlung von Gedichten, die mich auf ähnliche Weise angesprochen haben. Es sind Meditationen über diese lebendige Verbindung, Wegsteine, um von den desolaten Gestaden des gegenwärtigen materialistischen Ödlandes zu einer anderen Seins- und Lebensweise zu gelangen.

Dieses kleine Buch *Der Rhythmus des Heiligen* möge dazu dienen, dass wir uns erinnern, wie die Erde sich in der Zeit bewegt und ihren Ruf, mit ihr in Beziehung zu treten, zu vernehmen. Wenn wir uns ihrer erinnern, erinnern wir uns an uns selbst – daran, wer wir auf der Ebene der Seele wirklich sind, und wie wir die ausgefransten Enden zwischen Innen und Außen, zwischen Teil und Ganzem, wieder miteinander verweben.

Das Wort »heilig« durchzieht diese Seiten wie ein Mantra, denn es ist diese essentielle Qualität, die zu erinnern für uns lebenswichtig ist. Hoffentlich gelingt es uns allen, eines Tages zu erkennen, dass was immer wir sehen und berühren und fühlen, heilig ist. Denn dann kann dieser ursprüngliche Klang von Neuem im Leben ertönen.

EINLEITUNG

DAS HEILIGE

DAS HEILIGE ist eine ursprüngliche Eigenschaft des Lebens. Es verbindet uns mit unserer Seele und dem Göttlichen, dem Ursprung allen Seins. Das Heilige ist in allem zu finden: in den Tautropfen eines Spinnennetzes frühmorgens, im Ruf des Federwilds in der Abenddämmerung. Es spricht auf unzählige Weisen zu uns. In meinem Garten findet es sich im Duft des Geißblattes, den nektartrinkenden Kolibris oder den Streifenhörnchen, die den Samen hinterherwuseln, welche vom Futterspender der Vögel heruntergefallen sind. Es ist auch in jedem Gebet gegenwärtig, jedem Dank und Lobgesang. Die Erinnerung an das Heilige ist wie eine elementare Note im Leben. Fehlt diese, geht unserer Existenz etwas Fundamentales verloren. Unserem alltäglichen Leben fehlt es an Substanz, an wahrhaftiger Bedeutung.

Das »Heilige« ist nicht in erster Linie religiös und noch nicht einmal spirituell. Es ist keine Eigenschaft, die wir erlernen oder entwickeln müssen. Es ist Teil der ursprünglichen Natur allen Seins. Damals, als die ersten Menschen alles, was sie sahen, als heilig empfanden, war dies ein instinktives Wissen und musste nicht gelehrt werden. Es war so natürlich wie Sonnenlicht, so notwendig wie Atmen. Wir haben alle einen Sinn für das Heilige, eine Ehrfurcht – wie auch immer wir diesem Ausdruck geben. Es ist Teil unserer menschlichen Natur.

Wir alle tragen dieses ursprüngliche Wissen im Bewusstsein, auch wenn wir dies vergessen haben mögen. Die Beziehung zum Heiligen ist älter als jede formalisierte Religion, mag sie auch die Grundlage vieler Religionen bilden. Sie erkennt zutiefst das Wunder, die Schönheit und die göttliche Natur der Welt an. Es ist wahrhaftige Ehrfurcht, eine innere Ahnung – wir sprechen sogar von einem »Sinn für das Heilige«. Wenn wir uns des Heiligen erinneren, werden wir in einer Welt voller Wunder erwachen. Wie auch immer wir dieses Mysterium nennen, es durchdringt die gesamte Schöpfung.

Vielleicht lässt es sich an gewissen Orten einfacher fühlen, in alten Hainen, unter dem Sternenhimmel, im Klang von Musik, in Tempeln oder Kathedralen. Doch ist es ein Mysterium, das zum gesamten Dasein gehört – es gibt nichts, was davon getrennt wäre. Und so zelebriert das Heilige die Einheit in und um uns, das lebendige Einssein, an dem wir teilhaben. Unser Sinn für das Heilige ist das Wissen, dass wir Teil eines tieferen, allumfassenden Mysteriums sind.

Das Heilige verbindet das Innen und das Außen, die physische Welt der Sinne und die Welt der Seele. Was wir in der äußeren Welt sehen, lässt sich in der inneren Welt, in unseren Gebeten und Meditationen, in unseren Träumen und ihren Symbolen empfinden. Das Heilige durchdringt alles, was existiert. Es gehört zu unserem inneren wie zum äußeren Leben. Einzig wichtig ist, dass wir das Heilige erkennen, denn dadurch berühren wir die Wurzel unseres Seins. Zu leicht und zu häufig berauben uns die Anforderungen unseres Alltags dieses Gewahrseins, halten uns in oberflächlichen Ablenkungen gefangen. Und so fehlt uns etwas Elementares, wenn uns auch nicht bewusst ist, wie sehr es uns danach verlangt.

Das Heilige ist nichts Statisches, nichts, was sich leicht definieren ließe. Es gehört zum Wunder des Lebens und dessen tiefstem Sinn. Es ist ein Teil des Fließens des Lebens, des steten Wandels. Und doch unterliegt es Zyklen und Bedeutungsmustern. Die Schöpfung und die Seele haben beide ihre Gezeiten, Zeiten des Lichts und der Dunkelheit, Zeiten der Geburt, des Blühens und der Fülle, Zeiten der Vollendung, des Zerfalls und der offenkundigen Leere. Es ist hilfreich, die wechselnden Jahreszeiten des Heiligen zu erkennen. Dann können wir sehen, wie die tieferen Muster in unserem eigenen Leben diesen Rhythmen folgen – wie wir Teil dieses sich stetig entfaltenden Mysteriums sind.

Das Heilige ist in uns und um uns, und doch ist es oft vor uns verborgen. Um das Heilige im Leben zu erfahren, müssen wir unseren rationalen Verstand zur Seite schieben und einen älteren Teil unseres Gehirns nutzen, jenen Teil, der mehr in Bildern als in Worten denkt. Durch dieses ältere Bewusstsein werden wir eine größere Bewusstheit über das Heilige und über die numinose Energie, die es ausstrahlt, erlangen. Wir werden die Gegenwart des Heiligen erahnen, fühlen und auch seine Zeichen sehen. Es ist, als ob man die Höhlen in Lascaux, in Frankreich, betreten würde, die voller steinzeitlicher Malereien sind, welche die Wände bedecken: schwarze Stiere, Hirsche, ein Vogel, ein Bär, sogar ein Rhinozeros. Dies ist ein Wunder aus einer Zeit, bevor der rationale Verstand herrschte, als die Magie und das Mysterium in Symbolen und in der Bewegung lebendig waren. Wenn wir in diese Bewusstseinsqualität eintauchen, ist es, als ob wir einen Tempel oder einen heiligen Raum betreten würden, der die Seele empfänglich werden lässt. Es ist diese innere Empfänglichkeit, die es unserem angeborenen Sinn für das Heilige ermöglicht, ins Bewusstsein zu gelangen. Wir bilden ein inneres Auge aus, das uns mit Feingefühl und einem tiefen Verstehen ausstattet, das in unserer heiligen Natur gründet. Black Elk beschreibt diese Bewusstseinsqualität so:

> »Und während ich dort stand,
> sah ich mehr, als ich sagen kann,
> und ich verstand mehr,
> als ich sah; denn ich war
> in einer heiligen Weise
> der Formen aller Dinge im Geist und
> der Form aller Formen gewahr,
> so wie sie in der Tat zusammenleben
> als ein einziges Wesen.«

Das Gewahrsein des Heiligen ist ein essentieller Teil unserer Natur, sogar wenn wir diese Art des Schauens fast ganz vergessen haben. Die Gedichte und Bilder in diesem Buch sollen dazu dienen, uns mit unserer eigenen heiligen Weise des Schauens wiederzuverbinden. Es sind eine Reihe von Meditationen über das Heilige, kurze Einblicke in das, was unter all den Formen der Schöpfung, in der Welt um uns herum und unter unseren Füßen verborgen liegt.

JAHRESZEITEN DES HEILIGEN

DAS HEILIGE ist eine Seelenqualität, eine Eigenschaft unseres inneren Wesens und des inneren Wesens der Erde. Die Erfahrung des Heiligen folgt den Rhythmen der Seele und der Erde, den Zyklen des Werdens, den Jahreszeiten des Lebens. In der Welt von heute hält uns das Bild der Zeit als einer endlosen Abfolge von nie wiederkehrenden Minuten, Tagen und Jahren in Bann – die Zeit als Strom, der stets vorüberfließt. Wir stellen uns die Zeit nur noch selten als einen Zyklus vor, die Tage als eine Bewegung aus Licht und Dunkelheit oder die Jahre als ein Muster wiederkehrender Jahreszeiten. Die meisten von uns leben nicht auf dem Land, im Einklang mit dem Rhythmus des Säens und Erntens. Wir haben auch fast vergessen, wie die äußere Bewegung der Zeit die Zeit der Seele widerspiegeln kann. Nur noch wenige teilen das Jahr mit den Heiligenfesten und den dazugehörenden Gebeten, Ritualen und Tänzen ein. Wir hören auch die Klosterglocken nicht mehr, die vor dem Aufkommen der Uhren den Tag für Mönche und Bauern strukturierten, einen Tag, der mit der Frühmette begann und mit der Vesper zu Ende ging.

Diese darunterliegenden Zyklen der heiligen Zeit, wie unsere Vorfahren sie kannten, waren mit den großen und kleinen Dingen ihres Lebens verbunden – die Tage, die Jahreszeiten und die Jahre:

> *Ein jegliches* hat seine Zeit, und alles Vorhaben
> unter dem Himmel hat seine Stunde:
> geboren werden hat seine Zeit,
> sterben hat seine Zeit;
> pflanzen hat seine Zeit,
> ausreißen, was gepflanzt ist, hat seine Zeit;
> töten hat seine Zeit, heilen hat seine Zeit;
> abbrechen hat seine Zeit, bauen hat seine Zeit;
> weinen hat seine Zeit, lachen hat seine Zeit;
> klagen hat seine Zeit, tanzen hat seine Zeit;

Steine wegwerfen hat seine Zeit,
Steine sammeln hat seine Zeit;
herzen hat seine Zeit,
aufhören zu herzen hat seine Zeit;
suchen hat seine Zeit, verlieren hat seine Zeit;
behalten hat seine Zeit, wegwerfen hat seine Zeit;
zerreißen hat seine Zeit, zunähen hat seine Zeit;
schweigen hat seine Zeit, reden hat seine Zeit;
lieben hat seine Zeit, hassen hat seine Zeit;
Streit hat seine Zeit, Friede hat seine Zeit.

Ecclesiastes 3:1[2]

Dieser darunterliegende Rhythmus der Zeit ist der Rhythmus des Heiligen. Wenn das Heilige präsent ist, ist auch eine Zeit präsent, die sich grundlegend von derjenigen unterscheidet, die wir in der Hetze unserer Tage durch den ständigen Zeitdruck erleben.

Wir können so einem bedeutsamen Rhythmus zuhören, unseren Platz im Gewebe der Zeit verstehen, welche das Wachstum der Samen mit den Mondphasen und den Bahnen der Sterne verbindet. In der heiligen Zeit zu leben, heißt gewahr zu sein, wie dieses übergeordnete Gefüge mit unserer eigenen Seele in Verbindung steht, mit unserem inneren Sein, in dem jeder Atemzug ein heiliger Augenblick ist.

Doch trotz unseres Vergessens, trotz unserer geheizten oder klimatisierten Wohnungen und Büros, trotz unseres Getrenntseins vom Erdboden, sprechen die Jahreszeiten immer noch zu den meisten von uns, von der ersten lauen Frühlingsbrise bis zum kalten Winterwind erinnern sie uns an unsere tieferliegenden Wurzeln und an die Rhythmen, die wir seit jeher in uns tragen. Mit dem Älterwerden vermögen wir diese Gezeiten auch über die Jahre hinweg zu fühlen, von der Geburt zur Kindheit und zum Alter, wenn unsere physische Energie abnimmt, bevor die Zeit uns der Erde zurückgibt. In unserer seelischen Entwicklung lassen sich ähnliche Muster erkennen. In früheren Zeiten und Kulturen waren diese inneren Entwicklungen durch Initiationen, durch heilige Übergangsriten gekennzeichnet. Heutzutage erfahren die meisten von uns nur wenige äußere Initiationen. Doch wenn wir aufmerksam sind, können wir stattdessen die Gezeiten erahnen, die unsere eigene Seele formen. Wir können respektieren und wertschätzen lernen, wie die Zeit zu uns spricht, wie ihre Weisheit sich in uns ausdrückt.

Die Gedichte und Bilder, die sich durch dieses Buch weben, sind in die verschiedenen Jahreszeiten unterteilt, so wie sich das Heilige in unterschiedlicher Weise in unserem Leben entfaltet. Wenn wir unsere alltäglichen Sorgen und zahllosen Gedanken beiseite schieben, können wir lernen, allzeit im Heiligen gegenwärtig zu sein. Jeder Augenblick ist einzigartig und bietet uns auf seine Weise die Möglichkeit, uns mit unserem tiefsten Innern in Verbindung zu bringen: mit dem Wunder und Geheimnis, vollständig lebendig zu sein.

Zehntausend Blüten im Frühling,
der Mond im Herbst,
eine kühle Brise im Sommer, Schnee im Winter.
Wenn dein Verstand sich nicht mit unnötigen
Dingen belastet,
ist dies die beste Jahreszeit deines Lebens.

Wu-Men[3]

FRÜHLING

DER FRÜHLING ist die Zeit der Geburt und der Neuanfänge: der erste Sprössling treibt durch die tauende Erde, die erste Knospe erblüht, die Seele regt sich und wird ihrer wahren Natur gewahr. Auch in der Liebe gibt es eine Zeit des Frühlings, die Wende im Herzen, wenn das Herz nach dem Herzen, die Liebende nach dem Geliebten sucht. Die Energie des Lebens und der Liebe fließen durch alles hindurch. Der Frühling ist die Zeit der Erneuerung, des Erwachens aus dem Winterschlaf.

Tiefe Freude liegt in diesem Erwachen, eine Freude, die zum Leben selbst gehört – dem Leben, das heilig ist. Wir erfahren diese Freude zutiefst bei der Geburt eines Kindes, in diesem heiligen Moment, wenn das Leben der Seele in der

Welt seinen Anfang nimmt, wenn der Schrei des Neugeborenen in uns Widerhall findet, ein Segen, der in die Welt kommt. Doch auch in den ersten Blumen lässt es sich erfahren, in den Farben, die jeden Frühling neu in unser Leben zurückkehren, in der Luft, die vom Gesang der Vögel erfüllt ist. Wir wissen auf ursprüngliche Weise, dass wir zum großen, frohlockenden Einssein gehören, das wir Leben nennen. In diesem Erwachen verbinden wir uns wieder mit dem Heiligen – die Seele bedarf dieser Nahrung. Das Heilige ist überall, in den Samen und der Sonne. Und doch müssen wir hinschauen, um es zu entdecken, um teilzuhaben am Wunder des erwachenden Lebens.

Das Leben und die Liebe rufen uns und wir antworten instinktiv. Wir sind Teil der Natur und die Rhythmen der Seele schwingen in allem mit, was in uns und um uns herum geschieht. Sogar in den Straßen der Stadt spricht der Frühling zu uns, so wie Unkraut, das durch den Beton wächst, uns ruft, uns erinnert an das schlichte Wunder und die Freude, lebendig zu sein, wieder neu geboren zu werden. Wenn wir aufmerksam lauschen, können wir vernehmen, wie dieser Ruf aus der Welt draußen und auch von unserer Seele und der Seele der Welt zu uns dringt. Es ist ein Geheimnis, das zu singen beginnt. Es ist nun an uns, jederzeit zu antworten, da zu sein, aufmerksam und wach für dieses Wunder der äußeren und inneren Wiedergeburt. Jeder Augenblick des Erwachens, des Geborenwerdens, ist ein Geschenk, eine Gnade, die uns zuteil wird.

Wir alle besitzen kostbar gehütete Erinnerungen an jene Momente, als das Heilige zum ersten Mal zu uns sprach. Für einige war es immer da, in der Freude, dem Lachen und den Geheimnissen der Kindheit, als unsere Herzen sich noch des Lichts erinnerten, von dem wir herkamen. Wir hatten noch nicht vergessen und diese innere Essenz war unser natürlichster Freund. Die unsichtbare Welt war noch nicht ganz von uns getrennt und überall war Magie. Unsere Spielzeuge und unsere unsichtbaren Freunde sprachen zu uns, und wir hatten noch nicht zu vergessen gelernt. Viele andere hingegen verpassten diese frühen Jahre, machten nie die Erfahrung dieses ungetrübten Sonnenscheins, in dem alles lebendig ist.[4]

Wenn dann, eines Tages, die Wolken sich verziehen, ist der erste flüchtige Anblick des Heiligen etwas Unerwartetes und Wunderbares. Es ist, als würden wir uns verlieben oder aus einem schweren Traum aufwachen. Wie hätten wir wissen können, was uns fehlte, welche Freude uns erwartete? Und nun, in einem einzigen Augenblick, ist dieses Lachen mit uns:

Plötzlich in einem Sonnenstrahl
während der Staub sich noch regt
steigt verborgenes Lachen
der Kinder durch das Blattwerk auf.
Rasch jetzt, hier, jetzt, immer –[5]

Dies ist der allgegenwärtig lebendige Augenblick, der mit der Intensität von dem, was ist, zu uns spricht, der Augenblick, wenn die Sonne durch die Wolken bricht und wir uns erinnern, wieso wir hier sind.

Und der Teich war mit Wasser
    aus Sonnenlicht gefüllt
Und die Lotusblume erhob sich, leise, leise,
Die Oberfläche funkelte aus Herzenslicht ...[6]

Es ist tragisch, wenn wir diesen Augenblick verpassen, wenn wir diese Jahreszeit des Erwachsens verschlafen oder nicht erkennen, was uns gegeben wurde. Diese erste Jahreszeit des Heiligen ist immer ein Geschenk, doch wir müssen da sein, um es in Empfang zu nehmen. Und dann müssen wir behüten und wertschätzen, was uns gegeben wurde. Das Heilige erfordert eine besondere Aufmerksamkeit und Empfänglichkeit, und diese innere Begegnung muss beschützt und bewahrt werden, so dass sie trotz der Anforderungen des Alltags nicht verlorengeht. Es ist das natürlichste Geschehen, und doch müssen wir ihm Zuwendung schenken, ganz besonders die Aufmerksamkeit und Zuwendung unseres Herzens.

Wie alles andere, das zur Natur gehört, benötigt das Heilige die richtige Pflege. Seine Geburt kommt einem Wunder gleich, doch müssen wir ihm unsere ganze Aufmerksamkeit schenken. Wir müssen eine lebendige Beziehung bewahren, die sowohl das Heilige als auch unsere Seele nährt. Wir müssen lernen zuzuhören, zu beobachten, das Heilige in seinen verschiedenen Formen zu erspüren. Unsere gegenwärtige Kultur hat diese innere Weisheit traurigerweise größtenteils vergessen. So müssen wir das, was unseren Vorfahren so vertraut war, wieder von neuem lernen. Doch ist es Teil unserer Erinnerung, unserer Seele. Wie andere Eigenschaften unserer inneren Natur wartet das Heilige nur darauf, erinnert und dann gelebt werden.

Wir müssen da sein ohne uns einzumischen, ohne das Heilige mit unseren Wünschen und Verlangen zu überdecken. Das Heilige ist nicht etwas, das uns gehört, sondern etwas, das wir verehren. In unserer bedürfnis-orientierten Kultur besteht die Gefahr, dass wir versuchen, das Heilige zu nutzen, um zu bekommen, was wir wollen, um unser Leben oberflächlich erfüllter, sinnvoller oder spezieller zu machen. Das Heilige kann uns all dies schenken, aber nur auf seine eigene Weise, und nie, wenn wir es verlangen. Das Heilige gehört uns nicht, und wenn wir versuchen, damit unsere persönlichen Bedürfnisse zu erfüllen, verliert es seine Magie, seine Verbindung zu der Quelle des Lebens. Es gehört auch nicht der Welt des rationalen Verstandes an, mit seinen praktischen Regeln und seiner Logik, dessen numinose Energie, Macht und Bedeutung, die von unserem älteren, vorrationalen Selbst kommt, nicht zu erfassen vermag. Wir können das Heilige nicht zwingen oder manipulieren, doch wenn wir zuhören, aufmerksam und respektvoll sind, wird es unsere Bedürfnisse auf unerwartete Weisen erfüllen. Es hat seine eigene Magie und sein eigenes Geheimnis.[7]

In dieser ersten Jahreszeit des Heiligen, wenn das Heilige geboren wird und erstmals in unser Leben tritt, ist es äußerst wichtig, dass wir uns so sorgfältig darum kümmern, wie wir es bei jeder Geburt tun würden, bei jedem neuen Schössling, jeder aufgehenden Knospe. Wir beobachten, spüren seine Schönheit und das Wunder, das uns zuteil wird. Und wir versuchen, uns nicht einzumischen. Dies ist die Kunst des »Tuns ohne zu tun«, die althergebrachte Weise des Umgangs mit der inneren und äußeren Natur:

Weniger und weniger wird getan,
bis nichts mehr getan wird;
Wenn nichts mehr getan wird,
    bleibt nichts ungetan.

Der Welt bemächtigt man sich,
    indem man den Dingen ihren Lauf lässt.
Sie kann nicht durch Einmischung
    beherrscht werden.[8]

FRÜHLING *Gedichte*

Nichts ist so schön wie der Frühling –

Wenn Wiesengras hoch sich windet,
lang und lieblich und satt;
Drosseleier wie winzige, tiefhängende Himmel
glänzen, und die Drossel
Durch den widerhallenden Wald fordert und
durchdringt
Das Ohr, sie zu hören wie Blitzschlag trifft;
Die gläsernen Blätter und Blüten des Birnbaums
bürsten
Das tiefhängende Blau des Himmels; außer Rand
und Band ist dieses Blau
vor Überschwang; und auch die herumhüpfenden
Lämmer toben sich aus.
Was ist all dieser Saft und all diese Freude?
Ein Anflug des süßen Seins der Erde zu Anbeginn ...

Gerard Manley Hopkins

Still dasitzen,
Nichts tun
Der Frühling kommt
Und das Gras wächst von selbst.

Matsuo Bashō

Seht, meine Brüder, der Frühling ist gekommen;
die Erde hat die Umarmungen der Sonne empfangen
und bald werden wir sehen, was aus dieser Liebe
erwächst!
Jeder Samen ist erwacht und ebenso das ganze
Tierreich. Durch dieselbe geheimnisvolle Kraft
erlangen auch wir unser Sein, und wir gewähren
deshalb unseren Nachbarn, sogar unseren Nachbarn,
den Tieren, das gleiche Recht wie uns selbst:
dieses Land zu bewohnen.

Tatanka Yotanka, Sitting Bull

Doch höre mir zu: für einen Augenblick
sei nicht mehr traurig. Lausche dem Segen,
der seine Blüten
um dich herum herabrieseln lässt. Gott.

Rūmī[9]

Was ist diese kostbare Liebe, was dies Lachen,
das in unserem Herzen sich regt?
Es ist der herrliche Klang
einer Seele, die erwacht!

Hāfiz[10]

Mein Geliebter hob an und sprach zu mir:
»Steh auf meine Liebste, meine Schöne, *und* komme!
Denn siehe, der Winter ist vergangen, der Regen ist vorüber und fort;
Die Blumen zeigen sich über der Erde. Die Zeit *des Vogelgesangs* ist gekommen und die Turteltaube ist zu hören in unserem Land;
Der Feigenbaum bringt grüne Knospen hervor, *und* der Reben zarte Trauben duften *süß*.
Stehe auf, meine Liebste, meine Schöne und komm
...
Mein Geliebter *ist* mein und ich *bin* sein, der unter den Lilien weidet.«

Das Hohelied Salomos[11]

Ich bin ohne Namen:
Nur zwei Tage alt bin ich.–
Wie soll ich dich rufen?
Glücklich bin ich,
Freude ist mein Name.–
Köstliche Freude, zuteil werde sie dir!

William Blake[12]

Ein Mönch fragte den Zenmeister Fuketsu:
»Ohne zu sprechen, ohne zu schweigen, wie lässt sich die Wahrheit ausdrücken?«
Fuketsu gab zur Antwort: »Ich erinnere mich immer an den Frühling in Südchina. Die Vögel sangen inmitten unzähliger Arten von duftenden Blumen.«[13]

SOMMER

DER SOMMER ist eine Jahreszeit der Fülle – die Natur ergießt sich in unzählige Formen, Farben, Düfte, voller Pracht – sattes, hochwachsendes Gras, süß-schwere Jasmindüfte, das nächtliche Zirpen der Grillen. Die Knopsen haben sich in ein Meer von Blättern verwandelt.

Auch in der inneren Welt gibt es eine Zeit der Fülle, wenn beim ersten Erwachen das Heilige sich in symbolhaften Träumen zeigt, welche die Richtung weisen zum Reichtum und der Bedeutungstiefe, die unserer Psyche eigen sind. Zuweilen widerspiegeln sich Innen und Außen in Synchronizitäten und symbolischen Ereignissen, Zufallsbegegnungen oder unerwarteten Geschehnissen, die uns gewahr werden lassen, wie vielschichtig die inneren und äußeren Welten sind, die wir bewohnen. So kann sich uns die symbolische Welt durch Musik, Malerei oder Tanz, oder in irgendeiner anderen Weise erschließen, mit der sich uns die heilige Natur der inneren Welt zeigt. Wir werden reich beschenkt, und diese Gaben erfüllen plötzlich auf ungeahnte Weise unser Leben. Der Horizont unserer Welt erweitert sich, andere Farben erscheinen, neue Türen gehen auf.

Wenn uns diese Fülle an Bedeutungen zuteil wird, spüren wir ihre Magie und fühlen uns verbunden, als Teil eines zusammenhängenden Gewebes an innerem und äußerem Reichtum. Wir fühlen uns lebendig, wie wir es uns nie hätten erträumen können, lebendig nicht nur in der äußeren Welt, sondern in unserer Seele, die zu singen begonnen hat. Das Lied des Lebens ist die Musik des Heiligen, denn *das Leben ist heilig*, mit all seinen Formen und Symbolen. Und sobald die erste Knospe sich öffnet, sind wir Teil dieses Erblühens, dieses unaufhörlichen Stroms von Imagination. Das Heilige ist immer lebendig, geheimnisvoll, voller List gar, wenn es uns von unseren einengenden Gedankenformen und unserer begrenzten Selbstwahrnehmung befreit. Der Sommer des Heiligen ist voller Magie und Möglichkeiten.

Diese Jahreszeit ist auch voller Kraft und Energie – das gleißende Licht der Sonne, ihre zuweilen überwältigende Glut. Oder die nachmittäglichen Sommergewitter, wenn der Donner so nahe scheint und der herunterprasselnde Regen tobt. Auch dies ist Teil der inneren Welt. Das Heilige kann machtvoll und leidenschaftlich zu uns sprechen – auch wenn dieser Aspekt weniger offensichtlich sein mag. Es kann von uns einfordern, seine Bedeutung und seinen Zweck zu erkennen. Manchmal will es einen Richtungswechsel in unserem Leben vornehmen, oder uns eine Beziehung eingehen lassen, die zu unserer Seele spricht. Manchmal wünscht es sich uns einfach lebendiger, weniger gefangen in unserem Verstand oder unserer Persönlichkeit. Auf so viele Weisen spricht das Heilige zu uns – manchmal sanft, einem kaum vernehmbaren Wispern gleich, oder mit einer Stimme, die im Traum unseren Namen ruft, oder einer Forderung, der wir uns nicht widersetzen können. Manchmal taucht das Heilige auf und packt uns an der Hand wie ein verlorenes Kind, das nach Hause gebracht werden muss. Es kann wie ein Liebhaber in Erscheinung treten, der uns begehrt, oder als ein Symbol, das plötzlich unsere Aufmerksamkeit weckt. In unserer Kultur vergessen wir manchmal, dass das Heilige lebendig ist und nicht zu unserem oberflächlichen Ich gehört oder die von uns festgelegten Regeln befolgt. Es gehört einem inneren Reich an, das älter und weiser ist als unser rationaler Verstand, wie ein Baum, der über Jahrhunderte gewachsen ist und dessen Wurzeln sich im Wald ausgebreitet haben.

Wenn das Heilige voller Fülle und Leben ist, und wir seine Macht und Anziehungskraft spüren, ist es weise, es so ganz und gar zu umfassen, wie es uns nur möglich ist. Wir erkennen, wenn etwas heilig ist, denn das Heilige spricht zu einem gewöhnlich verborgenen Teil von uns. Doch um uns einzulassen, müssen wir verletzlich und offen sein können und etwas in uns annehmen, das um vieles tiefer und älter ist als unsere Persönlichkeit oder unser Verstand.

Dies ist die Welt, der Mythen entspringen. Sie kann uns in diese Dimension unserer selbst hineinnehmen. Es gab eine Zeit, als alles im alltäglichen Leben, vom Nähen und Pflügen zum Kochen und gemeinsam Essen, heilig war. In dieser Welt wussten wir, wo wir hingehörten, aus der Tiefe unseres Herzens und in den Ritualen des täglichen Lebens. Alles war Teil eines bedeutungsvollen Ganzen, zu dessen heiliger Geschichte jedes individuelle Leben seinen Teil beitrug. Diese Lebensweise ist uns verloren gegangen – unsere zeitgenössische Kultur ist von ihren Wurzeln in der inneren Welt abgetrennt.

Doch das Heilige vermag uns immer noch mit einem inneren Leben in Verbindung zu bringen, das uns nährt und trägt. Es kann Wunder über Wunder und das Gefühl der Zugehörigkeit zu einem lebendigen Ganzen wieder zurückbringen. Dies ist wie das Leben, das wir um uns herum in einem Wald oder einer Wiese sehen: Blumen und Gräser, Insekten und Vögel, alle miteinander verbunden – Farben, Klänge, Düfte – auf verborgene Weise kommunizieren und unterstützen sie sich gegenseitig.

Das Heilige selbst ist nichts, das man kaufen oder verkaufen könnte. Es ist kein Gebrauchsgut, auch wenn es heutzutage Menschen gibt, die es gerne vermarkten würden. Es ist eine Lebenskraft, die manchmal unbedeutend wirkt, deren Macht jedoch der Verbindung zu den Tiefen und ihrer göttlichen Natur entspringt. Es gibt so viele Zeichen des Heiligen, so viele Weisen, es zu erkennen und ihm zu folgen. Jedes Atom in der Schöpfung vibriert mit seinem verborgenen Licht, jedes Teilchen stammt aus dieser gleichen Quelle. Haben wir den Mut, in einer Welt, die wir nicht kontrollieren können, ganz und gar lebendig zu sein? Getrauen wir uns, zu der Leidenschaft unsere Seele »Ja« zu sagen, zu einer unsichtbaren Welt, die uns durch das Sichtbare ruft? Sind wir fähig, in dem, was ist, präsent zu sein und nicht so sehr in dem, was wir möchten oder uns vorstellen?

In jeder Gestalt führt uns das Heilige zu der Quelle zurück, zu unserer eigenen Ganzheit und zu dem Einssein, das Liebe ist. Es gibt so viele Worte für die gleiche, allem innewohnende Essenz, diesen Funken der Lebendigkeit, der unser Herz erwärmt. Die Liebenden geben sich der Liebe hin, die Gärtner dem Mysterium des Wachstums und der Kraft des Bodens. Mystikerinnen zieht es immer tiefer und tiefer in das Gebet. Es ist alles dasselbe Eine, das uns ruft, wir mögen uns wieder erinnern, uns wieder verbinden und die Süße erfahren, die uns umgibt. Das Heilige bedarf unserer Teilhabe; sonst bleibt sein Zweck unerfüllt, sein Wein ungekostet. Der Sommer ist die Zeit, uns selbst vollständig hinzugeben und der Fülle der Seele zu erlauben, Teil unseres Alltags zu werden. Wir müssen das Leben ganz und gar auskosten. Diese Jahreszeit wird nicht ewig dauern, auch wenn sie uns mit dem Ewigen in Verbindung bringen kann. Wir sollten diese Jahreszeit mit der Großzügigkeit unseres Herzens leben, mit der Hingabe von uns selbst.

SOMMER *Gedichte*

Es gibt in der Schöpfung nicht ein einziges Teilchen,
das nicht von Deinem Licht erfüllt ist.
Gestern fragte ich andere nach einem
Zeichen von Dir.
Heute gibt es kein einziges Zeichen,
das nicht von Dir wäre.

Jami

Liegt der Duft von »Ich bin Er« in der Luft,
findet die Biene des Herzens die Blume ihrer Wahl,
lässt sich dort nieder, nichts anderes
kümmert sie mehr.

Kabir

Jedes Teilchen der Welt ist ein Spiegel
In jedem Atom liegt das gleißende Licht
    von tausend Sonnen.
Spalte das Herz eines Regentropfens
    und hundert reine Ozeane werden daraus
    hervorströmen
Betrachte ein Sandkorn von ganz nahe
    Und es zeigen sich dir die Samen von
    tausenden Wesen ...
Im Spreu eines Hirsesamens
    lässt sich ein ganzes Universum finden.
Im Flügel einer Fliege
    ein Ozean an Wundern;
In der Pupille des Auges ein endloser Himmel.
Auch wenn die innere Kammer des Herzens
    klein sein mag,
    so nimmt der Herrscher beider Welten
    sie doch gerne zu Seinem Zuhause.

Mahmud Shabistari

ich danke dir Gott für diesen höchst erstaunlichen
tag:für die grün hüpfenden baumgeister
und einen wahrhaft blauen traum von himmel;und
    für alles
was natürlich ist, was unendlich ist, was ja ist

(ich der ich gestorben bin, heute lebe ich wieder,
und es ist dies der sonne geburtstag; dies ist der tag
der geburt des lebens und der liebe und flügel:und
    des frohen
großen geschehens grenzenlose erde)

wie sollten schmecken berühren hören sehen
atmen allesamt geboren aus dem nichtiger
als nichtig bloß menschlichen wesen
in frage stellen Dich der unvorstellbar?

(nun sind die ohren meiner ohren wach und
nun sind die augen meiner augen geöffnet)

E. E. Cummings

...
weil dich die Dinge immer tönen,
nur einmal leis und einmal laut
...

Rainer Maria Rilke (Das Stundenbuch)

Binde dich an alles in der Schöpfung,
das aus Gottes Zauberhut sich ausgeleert.

Oh, binde deine Seele wie eine herrlich süße Glocke
An jedes Blatt und jedes Glied, das existiert ...

Hāfiz[14]

Der Fisch kann im Wasser nicht ertrinken,
der Vogel in den Lüften nicht versinken,
das Gold ist im Feuer nie vergangen,
denn es wird dort zu Klarheit
und leuchtenden Glanz empfangen.
Gott hat allen Kreaturen das gegeben,
dass sie ihrer Natur gemäß leben.
Wie könnte ich denn meiner Natur widerstehn?

Mechthild von Magdeburg[15]

Tausend Schritte bist du hoch gestiegen,
 auf der Suche nach dem Dharma.
Kopiert, kopiert hast du
 in den Archiven so viele Tage lang.
Die Gewichtigkeit des Tang und die Tiefe
 des Sung sind schweres Gepäck.
Hier! Ich habe dir einen Strauß
 Wildblumen gepflückt.
Ihr Sinn ist derselbe, doch leichter tragen
 lassen sie sich.

Hsu Yun[16]

HERBST

DER HERBST ist die Zeit der Erfüllung. Es ist die Zeit, wenn die Früchte an den Bäumen reifen, wenn Äpfel, Birnen und Trauben süß werden. Wer das innere Leben des Heiligen lebt, erfährt auf gleiche Weise eine Zeit des Reifens, wenn die Einsicht, die der Seele entspringt, ihre Früchte trägt. Es gibt eine besondere Form der Weisheit, die sich aus der gelebten Beziehung zum Heiligen entwickelt hat, die zum Augenblick gehört und doch im Laufe der Zeit in die Welt gekommen ist. Bei den Urvölkern hüteten die Stammesältesten diese Weisheit, während sie in der heutigen Zeit allen zuteil werden kann, deren Wahrnehmung sich mit den Formen des Heiligen vertraut gemacht hat.

Leider lässt unsere schnelllebige, kurzgetaktete Welt selten zu, dass wir die Geduld aufbringen, welche dieses tiefe Gewahrsein erfordert, dieses Warten darauf, dass sich das Innere im Leben entfaltet und sich selbst zum Ausdruck bringt. Wir sind zu gefangen in den Ablenkungen und Anforderungen der vorbeirasenden Augenblicke, so dass wir kaum die Geduld aufbringen zu »warten, bis das Wasser sich glättet und sich die richtige Antwort von selbst zeigt«. Doch das Heilige offenbart sich auf diese Weise, und wir müssen lernen, es in Ruhe zu beschauen, genauso wie wir auch warten, dass eine Frucht am Baum reift. Wenn wir sie zu früh pflücken, schmeckt sie bloß sauer, doch wenn wir auf den richtigen Moment warten, werden wir mit einer besonderen Süße beschenkt, diesem Wissen, das mit der Reife einhergeht. Es liegt eine tiefe Weisheit darin, den Dingen ihren Lauf zu lassen, so dass sie sich in ihrer eigenen Zeit und gemäß ihrem eigenen Rhythmus vervollkommnen.

Diese Zeit der inneren Reife bringt die Erkenntnis, wie das Heilige alles durchdringt, wie es der Schöpfung innewohnt und sie ringsum umfasst. Es liegt einem jedem Ding, jedem Atom, das existiert, zugrunde, und gleichzeitig ist es auch eine größere Präsenz, eine Substanz, welche jeden einzelnen Teil ins größere Ganze, das allem seine Bedeutung gibt, einbindet. Es ist, als ob das Heilige jede einzelne Note ausmacht und gleichzeitig auch die ganze Symphonie der Bedeutung des Lebens ist. Nur von einem Ort der Reife aus und mit dem Losgelöstsein, das über die Zeit entsteht, können wir das Einzelne und das Ganze wahrnehmen – die vielen Fäden und das Gewebe des Lebens.

Der Herbst ist die Jahreszeit, in der diese inneren Mysterien an die Oberfläche gelangen, um sich zu erkennen zu geben. Mittlerweile sollten wir die Sprache des Heiligen erlernt haben, uns auf seine Eigenheiten eingeschwungen haben. Wir sollten fühlen, was es sagt und seinem Rhythmus folgen können – mit einem Herzschlag, der mit dem Puls des Lebens im Einklang ist. Wir sind Teil des Heiligen und das Heilige ist Teil von uns. Es gehört zu unserer wahren Natur. Einzig die Abgespaltenheit unserer Kultur, die ganz und gar vergessen hat, isoliert uns in unserem eigenen Ego. Scheinbar getrennt mühen wir uns ab, ohne auf die Unterstützung dieser allem zugrundeliegenden Energie und Kraft zählen zu können. Wenn wir erst einmal gelernt haben, auf heilige Weise zu gehen, mit unseren Füßen auf der Erde, ehren wir diese Beziehung. Sie verbindet unsere Seele mit der Seele der Erde, unseren Atem mit dem Atem des Geistes und offenbart unsere individuelle Geschichte als Teil der Geschichte der Erde.

Dieses übergeordnete Verstehen ist nicht kompliziert. Wir leben in einer Zeit, welche Komplexität wertschätzt. Doch das Heilige ermöglicht uns, das Einfache in dem zu sehen, was komplex erscheint, denn es führt uns zur Essenz zurück, zu den Wurzeln, zum spirituellen Kern von allem, was existiert. Das Heilige ist die Verbindung, die im Innern alles zusammenhält, die dem Leben seinen Zauber und seine numinose Schönheit verleiht. Durch das Heilige vermag alles Geschaffene – die Flüsse und Steine, der Regen und das Sonnenlicht – zu unserer Seele zu sprechen.

Und wenn wir zu diesen Wurzeln zurückkehren, finden wir die stille Mitte, das innerste Zuhause des Heiligen und das Zuhause der Seele. Die Energie des Lebens folgt den Zyklen der Jahreszeiten, führt uns in diese Mitte, diesen heiligen Raum, in das Herz, das so klein ist und doch das Unendliche und alles, was existiert, umfasst. Alles ist aus einem Samen geboren und kehrt wieder dahin zurück. Und die Reise des Heiligen ist diese Rückkehr. Und in dieser Mitte wartet die Liebe, denn die Liebe ist das Geheimnis in unseren Herzen und im Herzen der Welt. Die Liebe ist das Rauschen des

Windes und die Sterne und das Gänseblümchen, das sich der Sonne zuwendet. Die Liebe ist das größte Versprechen und die einfachste Essenz der Schöpfung. Die Liebe ist die Süße der reifgewordenen Frucht und das Mysterium des Lebens.

HERBST *Gedichte*

Denn ich habe gelernt,
Die Natur nicht mehr wie in der Zeit
Der gedankenlosen Jugend zu betrachten,
sondern oft sie zu hören,
die stille, traurige Melodie der Menschheit,
Weder harsch noch rauh, doch so mächtig,
Dass sie einen zähmt und unterwirft. Und ich fühlte
Eine Präsenz, die mich mit der Freude
Erhabener Gedanken aufwühlt; ein zartes Ahnen
Von etwas, das viel tiefer alles durchdringt,
Was im Licht der untergehenden Sonne wohnt,
und im runden Ozean und in der lebendigen Luft,
und im blauen Himmel und im Gemüt
des Menschen,
eine Bewegung und ein Geist, der alle denkenden
Wesen antreibt,
alle denkenden Dinge, alles, was jemals erdacht und
durch alle Dinge sich bewegt.

William Wordworth

Oh Gott

Wann immer ich der Stimme von allem lausche
Das du geschaffen hast –
Dem Rascheln der Bäume
Dem Tröpfeln des Wassers
Den Rufen der Vögel
Dem Flackern des Schattens
Dem Tosen des Windes
Dem Lied des Donners
Dann höre ich es sagen

Gott ist Eins!
Nichts ist vergleichbar mit Gott!

Rābi'a[17]

Wie kann man die göttliche Einheit sehen?
In schönen Formen, atemberaubendem Zauber,
ehrfurchtgebietenden Wundern?
Das Tao muss sich nicht auf diese Weise
präsentieren.
Wenn du gewillt bist, vom Tao gelebt zu werden,
wirst du es
Überall sehen, auch in den gewöhnlichsten Dingen.

Lao Tsu

Alles, was du siehst, hat seine Wurzeln
in der unsichtbaren Welt.
Die Formen mögen sich verändern,
doch die Essenz bleibt sich gleich.
Jeder wunderbare Anblick wird verschwinden,
jedes süße Wort verblassen.
Doch verzage nicht,
die Quelle, der sie entspringen, ist Ewig,
sie wächst und breitet sich aus,
bringt neues Leben und neue Freude.
Wieso denn weinst du?
Jene Quelle liegt in dir und es
entspringt ihr diese ganze Welt.

Rūmī

Der Dieb
Ließ ihn zurück –
Den Mond im Fenster.

Ryōkan[18]

Vor kurzem wurde mir die Bedeutung
der Ruhe bewusst.
Tag um Tag blieb ich dem Trubel fern.
Ich reinigte meine Hütte und bereitete den
Besuch eines Mönchs vor,
der von den fernen Bergen her zu mir kam.
Er stieg von den wolkenverhangenen
Gipfeln herunter
Um mich in meiner strohbedeckten Hütte
zu besuchen.
Wir saßen im Gras und teilten den Tannenharz,
wir verbrannten Räucherwerk, während wir
die Sutren des Tao lasen,
Als der Tag zu Ende ging, zündeten wir die Lichter an.
Die Tempelglocken kündeten den Beginn
des Abends an.
Da wurde mir auf einmal bewusst, dass
Ruhe tatsächlich Freude ist,
Und ich fühlte, wie reich mein Leben an
Muße gesegnet ist.

Wang Wei[19]

Ich sah, dass Er für uns alles ist, was gut und angenehm ist: Er ist unsere Kleidung, denn die Liebe umhüllt uns, umfängt uns, und umfasst uns ganz mit Zärtlichkeit, auf dass Er uns nie verlasse, weil Er für uns alles ist, was gut ist.
Und Er zeigte mir ein kleines Ding, haselnussgroß auf meiner Handfläche, und es war so rund wie ein Ball. Ich betrachtete es und dachte: »Was mag dies wohl sein?« Und ich erhielt folgende Antwort: »Es ist alles, was erschaffen wurde.« Und ich staunte, wie es wohl bestehen könne, denn es war so klein. Und ich bekam zur Anwort: »Es währt und wird ewig währen, weil Gott es liebt. Und alles hat das eigene Sein durch die Liebe Gottes.«

Und in diesem kleinen Ding sah ich drei Eigenschaften. Die erste ist, dass Gott es geschaffen hat, die zweite, dass er es liebt, die dritte, dass er es bewahrt. Er ist der Schöpfer, der Bewahrer, der Liebende. Doch kann ich dies nicht vollständig erkennen, bis ich nicht mit Ihm vereint bin, bis nichts mehr zwischen meinem Gott und mir liegt. Wir suchen hier in dieser Welt Ruhe zu finden, wo es keine Ruhe gibt. Doch Er ist die wahrhaftige Ruhe und Er will, dass wir dies erkennen und es gefällt Ihm, dass wir in Ihm ruhen. Wir werden nie ruhen, bis wir nicht diese Welt verlassen und mit Ihm sind, der alles ist. Dann kann die Seele spirituelle Ruhe empfangen.

Juliana von Norwich

So groß wie der unendliche jenseitige Raum ist der Raum im Lotus des Herzens. Den Himmel als auch die Erde, Feuer und Luft, Sonne und Mond, Lichtblitze und Sterne umfasst dieser innere Raum. Was immer wir in dieser Welt kennen oder auch nicht kennen, es ist alles in diesem inneren Raum enthalten.

Die Stadt Brahmans
Chandogya Upanishas

WINTER

Und schließlich bricht für uns DER WINTER an, wenn die Blätter von den Bäumen gefallen und die Äste kahl geworden sind. Der Winter ist diese essentielle Zeit des Brachliegens. Sogar die Farben des Herbstes sind nun verblasst, die Blätter verweht, die Tierlaute verstummt. Der Zyklus des Heiligen, der sich mit einem Funken entzündete, mit einer Geburt und einem Potential, hat sich nun in viele Formen, Farben, Düfte verwandelt – allen denkbaren Varianten und unzähligen Möglichkeiten des inneren und äußeren Lebens. Nach der Zeit des Herbstes zeigt es sich, wie das Heilige aus der Form in die Formlosigkeit zurückfindet. Dies ist die Rückkehr zur Essenz des Lebens, die im Atem der Seele, in der inneren Existenz des Herzens liegt. Sie ist vollständig lebendig und ganz ohne Farbe, ohne Duft oder Klang. Die Winterzeit ist eine Zeit der Vollendung.

In unserer zeitgenössischen Kultur sind wir nicht besonders angetan von dieser letzten Jahreszeit. Es ist, als ob es uns widerstrebte, den natürlichen Zyklen der Jahreszeiten zu folgen, und der Erde zu erlauben, brach zu liegen. Wir scheinen in einem ewigen Sommer, dieser Zeit der Fülle, leben zu wollen, ohne den Weg zu dieser Vollendung weiterzugehen. Es ist, als würden wir uns vor dieser offenkundigen Kargheit des Winters, vor dem Einatmen des Lebens, wenn das, was geboren wurde wieder zu seiner Essenz zurückkehrt, fürchten. Doch ohne diesen Teil des Zyklus würden wir im Spiel der Formen gefangenbleiben, ohne das Mysterium des Formlosen und dessen Beitrag zum Zyklus des Lebens anzuerkennen. Formen und das Formlose gehören zusammen, genauso wie Ausdehnen und Zusammenziehen zu Balance und Harmonie führen.

Immerwährende Ausdehnung ist wie der Mythos des fortwährenden ökonomischen Wachstums, etwas, das nicht Bestand haben kann und das unnatürlich ist. Alle Dinge müssen zum Grund ihres Wesens zurückkehren – auf das Ausatmen muss das Einatmen folgen. Dies ist eine Zeit, in der Tun zu

Nicht-Tun, Klang zu Stille wird. Wir sehen das Wesentliche – in den Dingen, in uns selbst und in der Welt. Es ist eine Zeit, die uns vielleicht darüber nachdenken lässt, was in unserem Leben wesentlich ist und was wir zurücklassen müssen oder zulassen, dass es wegfällt. Die Fähigkeit des Loslassens ist eine Lebensweisheit, die sich im Winter einstellt.

Wir sollten uns nicht vor dieser Zeit fürchten, die uns wie eine Einschränkung erscheint. Sie gehört zum inneren Wesen des Heiligen und auch zu den Zyklen der Natur. Jede Jahreszeit hat ihren Sinn, ihre Schönheit und Magie. Der Winter beschenkt uns mit einer strahlend weißen, reinen, von Schnee bedeckten Landschaft – in dieser breitet das Licht sich aus, ohne verzerrt oder abgelenkt zu werden. Auch die Liebe durchlebt den Winter: Zeiten der Isolation, in denen die Liebe uns entblößt, uns in der Kälte stehen lässt und uns vermeintlich verlässt. Einzutreten in dieses andere, zurückzulassen, was wir angehäuft haben, so dass wir diesen Übergang vollziehen können, ist kaum je einfach. Wir verfangen uns leicht in all den Besitztümern und Anhaftungen, die unsere Tage ausgefüllt haben.

Manchmal führt uns das Alter auf natürliche Weise an diesen Ort, wenn der Körper oder der Verstand nicht mehr genug Energie besitzen, um weiter Dinge anzuhäufen oder um an dem festzuhalten, was wir besitzen. Für einige stellt sich dieser Zustand mühelos ein, als ein natürliches Loslassen. Einigen Menschen fällt es leichter, in einem nicht schon vordefinierten Leben präsent zu sein, mit dem, was natürlicherweise leer scheint. Andere wiederum wehren sich gegen dieses Sterben, dieses scheinbare Verlieren. Leider kann in unserer Kultur das Sterben wie ein Versagen aussehen – uns fehlt die Weisheit, die Dinge sterben zu lassen. Doch wir alle müssen die heilige Dimension dieser Transformation anerkennen und das Formlose begrüßen.

> Die zehntausend Dinge sind aus dem Sein geboren.
> Das Sein ist aus dem Nicht-Sein geboren.[20]

Dies ist eine Jahreszeit der Vollendung, wenn alles, was wir in der Fülle der Form erfahren haben, zu einem Ende kommt und sich seiner tieferen Bedeutung gewahr wird. Ohne diesen Raum würde dem Heiligen eine Grundlage fehlen. Jetzt »nehmen wir das Geheimnis der Dinge auf uns«. Wir werden zum Ort, wo die Form und das Formlose sich begegnen, wo das Herz leer und voll ist und die Liebe die Tür zwischen den

Welten öffnet. Das Leben und der Tod gehören auf eine Weise zusammen, die wir nur selten verstehen. Der Tod ist nicht einfach das Ende des Lebenszyklus, sondern wir tauchen tiefer ein auf unserem Weg. Die Vollendung ist eine Verwirklichung, nicht bloß ein Abschluss.

Doch es braucht innere Stärke, um diesen Zyklus des Heiligen vollständig zu honorieren, dem Buch des Lebens zu erlauben, diese leere Seite aufzuschlagen. Wir müssen anerkennen, dass wir Teil eines größeren Ganzen sind, das wir imaginieren können, ein Ganzes, das sowohl das Formlose als auch die Vielzahl der Formen einschließt. Es ist zu hoffen, dass wir uns im Lauf der Jahreszeiten diese Stärke erworben haben und uns das Heilige an diesen Ort gebracht hat, an dem wir uns nicht mehr vor dem Unbekannten fürchten. Das Heilige kann uns in seiner Weisheit das geben, was wir auf jeder Etappe der Reise jeweils benötigen. Ansonsten erleiden wir Schiffbruch, sind unfähig, auch nur einen Schritt weiterzugehen. Das ist es, was die Tragik unserer zeitgenössischen Kultur ausmacht – durch die Trennung von diesen tieferen Rhythmen sind die Menschen sich selbst überlassen. Die Substanz des Heiligen wird ihnen nicht zuteil, und sie haben die Fähigkeit nicht entwickelt, dies es braucht, um die Reise zu Ende bringen zu können. Wie könnte es uns möglich sein, weiterzugehen, ohne den Winter willkommen zu heißen, im Wissen, dass er kalt und auch irgendwie trostlos sein wird, aber auch im Wissen um die Schönheit, die in dieser Kargheit liegt?

Es lässt sich nur schwer beschreiben, wohin dieser Zyklus uns schließlich führt. Doch im Wechsel der Jahreszeiten liegt ein einfaches Geheimnis: auf den Winter folgt der Frühling – es wird eine neue Geburt geben, wenn inmitten der Dunkelheit das Licht uns weiter auf dem unendlichen Weg führt. »Während wir den Atem kommen und gehen lassen, leben und sterben wir, ist Nacht und Tag, Winter und Frühling!« – Und das letzte Bild eines leeren Kreises enthält sowohl den Zyklus der Form als das Formlose.

WINTER *Gedichte*

eines winter nachmittags
(zu der magischen Zeit,
wenn ist zu ob wird)
steht auf der achten straße
ein flittengekleideter clown,
reicht mir eine blume
Niemand, da bin ich sicher,
beobachtet ihn außer
mir;und warum?weil
er ohne zweifel war
was immer (zuerst und zuletzt)
die meisten am meisten fürchten:
ein geheimnis für das ich
kein wort kenne außer lebendig
- das heißt,vollständig wach
und wundersamerweise ganz;
mit nicht nur geist und herz
sondern fraglos einer seele –
...

E. E. Cummings[21]

Welches Erbe soll ich
    hinterlassen?
Blumen im Frühling
Den Kuckuck im Sommer.
Ahornblätter im Herbst.

Ryōkan

Praktiziere Nicht-Tun.
Wirke ohne zu Handeln.
Schmecke, was geschmacklos.
Sieh das Große im Kleinen und
    das Viele im Wenigen.
Trage dem Bitteren besondere Sorge
Erkenne das Einfache im Komplizierten
Erreiche Großes in kleinen Dingen.

Lao Tzu – 63

Wir zwei allein werden wie die Vögel
    im Käfig singen.
Bittest du mich um meinen Segen,
    werde ich vor dir knien
Und dich um Vergebung bitten. So wollen wir leben,
beten, singen und Geschichten von früher
    erzählen und
über goldene Schmetterlinge lachen und
    hören, wie arme Schurken
über Hofklatsch sprechen, und auch wir
    werden mitreden –
Wer gewinnt und wer verliert, wer dabei und
    wer nicht mehr dabei ist –
Und wir nehmen das Geheimnis der Dinge auf uns,
als wären wir die Spione Gottes.

Shakespeare, King Lear

Ich sprach zu meiner Seele, sei still, und lass die
Dunkelheit über dich hereinbrechen, die
Gottes Dunkelheit sein wird. Wie in einem Theater
werden die Lichter für den Szenenwechsel gelöscht,
mit einem hohlen Gerumpel in den Kulissen,
in der Dunkelheit auf Dunkelheit folgt.
Und wir wissen, dass die Hügel und die Bäume und
das Panorama in der Ferne
Und die kühne, eindrückliche Fassade alle gleich
weggerollt werden –
Oder wie wenn eine Untergrundbahn im Tunnel zu
lange zwischen zwei Haltestellen steht
Und sich leises Gemurmel erhebt und dann langsam
in der Stille versinkt
Und die Gesichter gedankenleer werden, bis nur das
Grauen darüber, dass es nichs zum Nachdenken
mehr gibt, übrigbleibt.

T. S. Eliot

Mögen wir in tiefster, blendender
Dunkelheit aufgehen, in ihr verschwinden,
uns für immer auflösen in einer unglaublichen
Seeligkeit, jenseits aller Vorstellungen, denn
absolutes Nichts bedeutet absolute Seeligkeit.

Gregory of Nyssa

Am Anfang war nichts,
und es fehlte auch nichts.
Das Papier war weiß. Wir nehmen den Pinsel zur
Hand und erschaffen das Bild ...
Die Landschaft, der Wind, der auf dem
Wasser Wellen schlägt.
Alles ist unserem Pinselstrich geschuldet.
Unser Ochse erlaubt der guten Erde, ihn zu führen.
Genauso lässt unser Pinsel zu, dass die
Hand ihn bewegt.
Schlage irgendeine Richtung ein, bereise die Welt
bis zum äußersten Winkel.
Alles kehrt dorthin zurück, wo es angefangen hat ...
zur gesegneten Leere.

Hsu Yun[22]

Hier, Sariputra, ist Form Leere und die Leere selbst ist Form; Leere unterscheidet sich nicht von Form, Form unterscheidet sich nicht von Leere;
Was immer Form ist, das ist Leere, was immer Leere ist, das ist Form, dies gilt auch für Gefühle, Wahrnehmungen, Impulse und das Bewusstsein.

Buddha, Herz-Sutra

DIE RÜCKKEHR
ZUM HEILIGEN

Diese RHYTHMEN DES HEILIGEN sind eine Reise zu einer immer innigeren Beziehung zum Heiligen mit seinen Rythmen und Zyklen, auf der wir uns mit dieser essentiellen Eigenschaft unserer Seele und der Erde wiederverbinden.

Ohne diese Beziehung fehlt etwas in unserem Alltag, ist ein gewisser Sinn nicht vorhanden. Doch haben wir diese Zutat zu unserem alltäglichen Leben fast ganz vergessen, haben unsere Beziehung zum Heiligen und zur Erde selbst vernachlässigt. Und so leben wir ohne es zu wissen in einer immer öderen Welt, in der dieser grundlegende Klang des Lebens, diese essentielle Nahrung der Seele immer unzugänglicher wird.

Während wir uns der äußeren ökologischen Krise immer bewusster werden, scheinen wir seltsamerweise diese innere Verarmung kaum zur Kenntnis zu nehmen. Wir sind immer zahlreicheren Ablenkungen ausgesetzt, die mehr und mehr Zeit und Aufmerksamkeit von uns beanspruchen. Unsere Computer und Smartphones verschlingen uns, die Bilder der Konsumgesellschaft machen uns süchtig. Auch unsere Denkweise – das Bewusstsein, mit dem wir die Welt wahrnehmen – ist so konditioniert, dass sie nur dem rationalen Verstand Wert beimisst. Der ältere, holistische Geist, jener Teil unseres Verstands, der mehr in Bildern als in Worten denkt, erfährt von uns keine Wertschätzung mehr. Doch ist es dieses ältere, vorrationale Bewusstsein, das um den Wert des Heiligen weiß und mit ihm in Beziehung zu treten vermag, sowohl in der symbolischen Welt als auch im Alltag, durch die scheinbar gewöhnlichen Dinge des Lebens. Dies ist der Teil unseres Verstandes, der Geschichten erzählt und sich der Mythen erinnert und für deren tiefere Bedeutung empfänglich ist, ohne dass er diese analysieren und zergliedern muss. Dies ist auch der Teil unseres Bewusstseins, der ein Bild lange mit sich herumtragen und ihm erlauben kann, uns mit einem tieferen Teil unserer selbst und der Erde und deren ursprünglicher Weisheit wiederzuverbinden.

Unsere Seele ist das Kostbarste in uns. Sie ist, was uns wahrhaftige Bedeutung und eine Ausrichtung im Leben gibt. Das Heilige gehört zu unserer Seele und zur Seele der Welt. Es bedarf der Nahrung und einer Beziehung voller Fürsorge und Liebe. Fürsorge für die Seele muss mit der Fürsorge für das Heilige einhergehen, denn ohne dieses gehen wir verloren, ohne uns dessen überhaupt bewusst zu sein. Und die Sorge für die Erde muss beides beinhalten, so dass die wahre Musik der Schöpfung in all dem Lärmen der heutigen Welt vernommen werden kann.

Eine Reise zum Heiligen ist immer eine Rückkehr, eine Wiederverbindung mit Einfachem und Grundlegendem in uns. Dies ist das Licht, die Schönheit, die Magie, die zu unserer Seele und dem Leben selbst gehört. Es ist an uns allen, diese Reise zu unternehmen, dieser Musik zu lauschen, diesen inneren Herzschlag zu vernehmen. Und doch ist es auch die Reise des Lebens selbst – der große Ruf im Gesang eines jeden Vogels, im Vorbeiziehen jeder Wolke, im Duft jeder Blume. Und nun, da die Erde uns laut zuruft, ist dieser Ruf auch schmerzhaft gegenwärtig in den Bildern und Erzählungen über die Zerstörung der Natur und ihrem gefährlichen Ungleichgewicht. Und er ist gegenwärtig in unserer Trauer um das, was wir verloren haben. Wir sind nicht getrennt – dies ist ein gefährliches Narrativ der letzten Ära – sondern ein Teil des Lebens. Und unsere Reise zurück zum Heiligen ist auch eine Reise des Lebens selbst, genauso wie das Vergessen des Heiligen auch das Leben sehr bekümmert. Mögen die Gedichte und Bilder in diesem kleinen Buch uns auf dieser Reise helfen, mögen sie Wegweiser auf einem Weg sein, der in Vergessenheit zu geraten droht.

Wenn wir uns wieder mit dieser uns angeborenen Beziehung mit dem Heiligen verbinden, werden wir erfahren, dass das Leben mit uns spricht, so wie es mit unseren Vorfahren gesprochen hat. Wir werden wiederentdecken, dass wir Teil einer Welt sind, die ebenso ganz, wie heilig ist, und deren Geschichte gehört werden muss. Wir werden wiederentdecken, wie wir zu dieser heiligen Geschichte des Lebens gehören. Und wir werden den tiefsten Sinn wieder in den einfachsten und gewöhnlichsten Dingen finden.

Dieses kleine Buch spricht über die JAHRESZEITEN DER SEELE und das Zusammenspiel unserer individuellen Lebensreise mit den größeren Rhythmen der Natur. Es ruft uns auf, über etwas nachzudenken, das uns abhanden gekommen ist: ein schlichter Klang, der ein Gefühl der Zugehörigkeit mit sich bringt.

Für viele Urvölker ist ihr Leben nicht nur Teil der Natur, sondern auch Teil ihres spirituellen Selbsts, ob es nun als Großer Geist bezeichnet wird oder – in der Sprache der Kogi – als *Aluna*, die spirituelle Intelligenz in der Natur. Im Westen ist es uns über Jahrhunderte hinweg verlorengegangen, dieses Gefühl der Verbundenheit, das ein Empfinden von

Ehrfurcht ist und gleichzeitig ein angeborenes Wissen um die größeren Zyklen, denen wir angehören. Doch in diesen größeren Rhythmen liegt eine Weisheit, die wir dringend benötigen, um in dieser Zeit des großen Sterbens leben zu können.

In diesem Moment unseres kollektiven Schicksals, der uns mit der Tatsache des Artensterbens und der Klimakatastrophe konfrontiert, ist es überlebenswichtig, dass wir ein Gefühl für diese tieferliegenden Zyklen und deren Bedeutung haben.

Die Erde, unser gemeinsames Zuhause, durchlebt gerade das sechste Massensterben von Pflanzen und Tieren – die sechste Welle des Aussterbens in der vergangenen halben Milliarde von Jahren. Diese menschengemachte biologische Auslöschung, die sich »Anthropozänes Aussterben« nennt, ist zu einem zentralen Teil unserer menschlichen Geschichte, unserer kollektiven Reise geworden. Ob wir diese Geschichte verleugnen oder akzeptieren, Trauer oder Wut spüren oder uns weiterhin ablenken – wir sind alle Teil dieses großen Sterbens. Wir wissen auch nicht, welche Welt auf uns zukommt und ob der Übergang von sozialem Zerfall, zusammen mit extremen Dürren und Stürmen, Waldbränden und Fluten, begleitet sein wird.

In solchen noch nie dagewesenen Zeiten mag es hilfreich oder gar notwendig sein, einen Schritt zurückzutreten und ein Gefühl für diese Geschichte zu bekommen, in der die Menschheit zur Verursacherin dieser Zerstörung, dieses Ökozids wurde. Ob durch Gier, Unwissenheit oder die bloße Unfähigkeit, uns unsere eigene Selbstzerstörung vorzustellen – wir bringen den Winter für die Erde. Wir sind Teil der Geschichte der Erde, und wenn wir uns mit dieser tieferen, älteren Weisheit verbinden, wird es uns möglich, in dieser Jahreszeit der der gegenwärtigen Zeit ganz präsent zu sein.

Was bedeutet es, im Winter der Welt, am Ende einer Ära zu leben? Wie können die Rhythmen der Natur und die Zyklen der Seele helfen, uns mit dem zu verbinden, was dieser Augenblick uns zu sehen lehrt, was das Leben und die Erde uns erzählen? Nur mit diesem Verständnis werden uns Werkzeuge zugänglich, spirituelle und moralische Werte, welche der Erde und der Menschheit in dieser Jahreszeit zunehmender Dunkelheit helfen können. Und sie damit im Übergang vom Winter zum Frühling und dem, was auf seine Geburt wartet, unterstützen.

Den Winter habe ich als eine Jahreszeit beschrieben, die uns zum Essentiellen zurückführt, zu den Wurzeln, die uns tragen. Während für uns diese Zeit des großen Sterbens und die unbekannte Zukunft der Klimakatastrophe beginnt, ist es von größter Wichtigkeit, dass wir zu den Werten zurückkehren, die für unsere menschliche Natur unabdingbar sind – Liebe und Fürsorge füreinander und für die Erde. Die schlichten Werte der Verbundenheit, Werte, welche die Zusammenarbeit über den Wettbewerb stellen, können uns während der Trostlosigkeit des Winters – dem Ende einer Zivilisation, die auf Ausbeutung beruht – unterstützen und uns in eine neue Ära führen, denn sie gehören zu einer gemeinsamen Zukunft mit der Erde, einer Zukunft, die nur durch einen radikalen Wandel in unserem kollektiven Bewusstsein herbeigeführt werden kann. Wenn endlich der Frühling anbricht, werden wir als eine diverse und sich sozial unterstützende Gemeinschaft leben, in der wir einander und der Erde zugehören. Diese Samen dieser Wechselbeziehung und der lebendigen Einheit sind schon jetzt da, und mit ihnen eine wachsende Ahnung um das Mysterium des Lebens und der Seele, das in uns ist und um uns herum.

ANMERKUNGEN

1. Thomas Berry, einer der Begründer der spirituellen Ökologie, der schon früh auf die spirituelle Perspektive in der ökologischen Krise hinwies, schrieb: »Wir sprechen nicht mehr zu den Flüssen und den Wäldern, wir lauschen nicht mehr dem Wind und den Sternen. Wir haben den großen Dialog unterbrochen. Und indem wir das getan haben, haben wir das Universum zersplittert. Alle Katastrophen, die nun geschehen, sind eine Folge dieses spirituellen Autismus.« Aus: *The Dream of The Earth.*
2. *Die Bibel* nach Martin Luthers Übersetzung, revidiert 2017, © 2016 Deutsche Bibelgesellschaft, Stuttgart.
3. *The Enlightend Heart*, editiert von Stephen Mitchell, S. 47.
4. Ich wuchs in einem grauen, gut-bürgerlichen Haus auf, in dem Freude und Wunder nicht nur einfach abwesend waren, sondern gänzlich unbekannt. Ich erfuhr deren Magie erst durch die Augen, das Spiel und das Lachen meiner eigenen Kinder. Und als diese ihre Kindheit hinter sich ließen, konnte ich zusehen, wie sie leider auch wieder verschwanden. Wieso einige Kinder dieses allerkostbarste und doch einfache Geschenk der Kindheit erhalten, während andere es nie erfahren, ist ebenfalls ein Geheimnis. Vielleicht lässt es sich eher in einer Mietskaserne als in einem Herrenhaus finden. Ich denke nicht, dass meine Eltern überhaupt wussten, dass so etwas existiert. Ich glaube, es gehört zur Liebe, und wo Liebe ist, kann es fließen und sich entfalten. Ohne Liebe gibt es für die Freude keinen Nährboden. Doch Liebe kann in so vielen Formen gegenwärtig sein, Freude kann überall und immer auftauchen, das Wunder des Lebensfrühlings vermag jederzeit zu erblühen. Wie ein mystischer Poet über die Freude im Frühling sagte, ist sie »ein Anflug des süßen Seins der Erde zu Anbeginn.«

5. T. S. Eliot, »Burnt Norton,« *Four Quartets.*
6. Ebda.
7. *Moshkel Gosha: A Story of Transformation* ist ein kleines Buch, das ich geschrieben habe, welches anhand eines alten persischen Mythos die Gefahren und die Möglichkeiten der Zusammenarbeit mit dieser inneren Realität und der dazu notwendigen Haltung exploriert.
8. Lao Tzu, *Tao Te King*, 48.
9. Übersetzt ins Englische von Coleman Barks, *Say I am You*, S. 62.
10. Übersetzt ins Englische von Daniel Ladinsky, *The Gift*. S. 19.
11. *Das Hohelied Salomos* 2:10-16.
12. »Infant Joy,« *Songs Of Innocence.*
13. Paul Reps, *Zen Flesh, Zen Bones*, S. 138.
14. Übersetzt ins Englische von Daniel Ladinsky, *The Gift*, S. 265.
15. Mechthild von Magdeburg, *Das fließende Licht der Gottheit*, Margot Schmidt (Hrsg.), Stuttgart-Bad Cannstatt, 1995, S. 33 (I,44)
16. »Searching for the Dharma«, *Six Poems by Hsu Yun*, siehe www.hsuyun.org.
17. Übersetzt ins Englische von Charles Upton, *Doorkeeper of the Heart*, S. 48.
18. Übersetzt ins Englische von R. H. Blyth, *Zen in English Literature and Oriental Classics*, S. 298.
19. *The Mystic Vision: Daily Encounters with the Divine*, zusammengestellt von Andrew Harvey and Anne Baring, S. 143.
20. Lao Tzu, *Tao Te Ching*, 40.
21. E. E. Cummings, »one winter afternoon,« *73 poems.*
22. Master Hsu Yun, *Poems on the Oxherding Series.*

DANKSAGUNG

Für die freundliche Erlaubnis, durch Copyright geschütztes Material zu zitieren, dankt der Autor: Charles Upton für die Erlaubnis des Zitierens aus *Doorkeeper of the Heart: Versions of Rabi'a*, von Rabi'a al-Adawiyya und Charles Upton, Copyright © 1988 von Charles Upton, www.charles-upton.com; Faber und Faber Ltd. Publishing für die Erlaubnis der Wiedergabe von Auszügen aus »Burnt Norton« und »East Coker« von *Four Quartets* von T.S. Eliot; HarperCollings publishers für die Erlaubnis des Zitierens aus »Ten thousand flowers in spring …« von Wu-Men, aus *The Enlightened Heart: An Anthology of Sacred Poetry*, herausgegeben von Stephen Mitchell, Copyright © 1989 von Stephen Mitchel; Hohm Press für die Erlaubnis des Zitierens aus *This Heavenly Wine: Poetry from the Divan-e Jami* von Nooreddin Abdurrahman Ibn-e Ahmad-e Jami, Übertragungen von Vraje Abramian, Copyright © 2006 Vraje Abramian; Jane English für die Erlaubnis des Zitierens aus »Verse Forty«, »Verse Forty-Eight« und »Verse Sixty-Three« aus dem *Tao Te Ching* von Lao Tsu, übersetzt von Gia-Fu Feng und Jane English, Copyright der Übersetzung © 1972 von Gia-Fu Feng und Jane English, erneuertes Copyright © 2000 durch Carol Wilson und Jane English, alle Rechte vorbehalten; Jonathan Star für die Erlaubnis des Zitierens aus *Two Suns Rising: A Collection of Sacred Writing*, Copyright © 1991 von Jonathan Star; Liveright Publishing Corporation für die Erlaubnis des Zitierens aus »i thank You God for most this amazing«, Copyright © 1950, 1978, 1991 von den Trustees des E.E. Cummings Trust, Copyright © 1979 von George James Firmage, und »one winter afternoon«, Copyright © 1960, 1988, 1991 von den Trustees des E.E. Cummings Trust, aus *Complete Poems: 1904-1962 von E.E. Cummings*, editiert von George J. Firmage; Tuttle Publishing für die Erlaubnis des Zitierens aus *Zen Flesh, Zen Bones: A Collection of Zen and Pre-Zen Writings* von Paul Reps und Nyogen Senzaki, Copyright © 1957, 1985 Charles E. Tuttle Co., Inc.; University of Nebraska Press für die Erlaubnis des Zitierens aus *Black Elk Speaks The Complete Edition*, von Black Elk and John G. Neihardt, Copyright © 2014 Board of Regents of the University of Nebraska.

DANKSAGUNG
FÜR ILLUSTRATIONEN

Für die freundliche Erlaubnis durch Copyright geschütztes Material für die deutsche Ausgabe abzubilden, dankt der Autor folgenden Künstlerinnen und Künstlern:

Buchanfang, halbseitig: Illustration von Hendra Chendol, www.shutterstock.com/g/Hendra+cendol.

Buchanfang, ganzseitig: Holzschnitt von Mary Azarian, »Back Next Spring«, © Mary Azarian, www.maryazarian.com

Einleitung: Holzschnitt von J.J. Lankes, »West Running Brook, no. 3« © Estate of J.J. Lankes, mit freundlicher Genehmigung.

Das Heilige: Gravur von Gwenda Morgan, aus »Grays' Elegy Written in A Country Churchyard«, © The Whittington Press, www.whittingtonpress.co.uk.

Jahreszeiten des Heiligen: Linolschnitt von Anita Hagan, »The Zen Path«, © Anita Hagan, www.anitahaganartist.com.

Frühling: Holzschitt von Kathleen Lindsley, »The Spring Gardens«, © Kathleen Lindsley, www. ravenpressgallery.co.uk.

Sommer: Gravur von Gwenda Morgan, aus »Grays' Elegy Written in A Country Churchyard«, © The Whittington Press, www.whittingtonpress.co.uk.

Herbst: Collage von Anat Vaughan-Lee, mit einem Linolschnitt von Birger Sandzén, »Smoky Hill River at Twilight«, 1928, © Birger Sandzén Memorial Gallery, www. sandzen.org.

Winter: Holzschnitt von Miriam Macgregor, »Reflections at Midnight«, © Miriam Macgregor

Die Rückkehr zum Heiligen: Linolschnitt von Chris Bourke, »Do You Ever Think About What's Out There?«, © Chris Bourke, www. Chrisbourkeart.com.

Epilog: Holzschnitt von Sue Scullard, »Woodland with Wild Garlic«, © Sue Scullard, www. suescullard.co.uk.

ÜBER DEN AUTOR

LLEWELLYN-VAUGHAN-LEE, *Dr. phil.*, 1953 in London geboren, folgt dem Sufi Pfad seit seinem 19. Lebensjahr. 1991 zog er mit seiner Familie nach Nordkalifornien und gründete dort das Golden Sufi Center (www.golden-sufi.org). Er ist Autor zahlreicher Bücher. Sein Spezialgebiet ist die Traumarbeit. Dabei verbindet er die altergebrachte Sufi-Methode der Traumdeutung mit den Erkenntnissen der Psychologie C. G. Jungs. Seit dem Jahr 2000 liegt der Schwerpunkt seines Schreibens und Lehrens auf der spirituellen Verantwortung in der heutigen Zeit des Übergangs, dem erwachenden globalen Bewusstsein der Einheit und der spirituellen Ökologie. Er wurde von Oprah Winfrey in der Serie *Super Soul Sunday* interviewt und trat in der Fernsehserie *Global Spirit* auf PBS auf.